92歳シスターが伝える
励ましの言葉

幸せは、1ミリずつ花開く

聖心会シスター
鈴木秀子

PHP研究所

はじめに

二〇二四年一月で、九十二歳になりました。

周りの方から「元気に生きる秘訣は何でしょうか」と尋ねられることが増えました。答えはいろいろありますが、一つは「短くて、美しい言葉を繰り返し唱えましょう」です。

「言霊」というように、言葉には力があります。聖書の中の、短く力に満ちた言葉など、よい言葉を繰り返し自分の魂に響かせるとき、自分が静まり、言霊が自分の中のよいものを引き出してくれます。

朝の静かなときに、その言葉を通して、深い意味を考えてみましょう。その言葉は、その日一日を生きる、錨《いかり》のような役割を果たしてくれるはずです。

私はこれまで、たくさんの方のお話を聞いてまいりました。日本全国、そして世界に輪を広げ、苦しみの中にいる人たちに耳を傾けてまいりました。人間の弱さを知る人たちが、共に生き、歩み、学び、成長していく――そんな再生のエピソードと、すばらしき「言葉」を通して、皆さんに希望をお届けできましたら幸いです。

鈴木秀子

どんな人であろうとも、
自らの惨めさを受け入れれば、
それは光に逆転します

なぜ　あなたは待っていなかったのか　その重みが
まったく堪えがたくなるまで？
そのときそれは一変して
このうえなく重いものになるのだ
なぜならその重みは真正の重みなのだから

――リルケ『鎮魂歌』

惨めさが光に逆転するとき

福士さんは、若いころに離婚し、子どもを施設に預けて再婚したものの、その結婚も長くは続かず、身よりもなく、生活保護を受けながら小さなアパートに一人住まいをしていました。見栄っ張りな一面があり、人から毛嫌いされるところがあったようです。病気になって入院していると聞き、お見舞いに行きました。

一台の焼き芋屋が病院の前を通りかかりました。福士さんはヘルパーさんを呼び止めて「あの焼き芋、急いで買ってきてちょうだいよ」と、枕の下から一万円札を取り出しました。それは福士さんが持ち合わせているほとんど全額です。ヘルパーさんは、買いに走ってくれました。大量の焼き芋を、福士さんは、私や同室のみな、隣の部屋、前の部屋にもふるまっていました。そして、「みんな早く食べて、時間がないんだから」と、繰り返すのです。おいしくいただきながらも、「こんなときまで見栄を張らなくても」などと、周りはささやいていました。

その晩、福士さんは心臓発作で息を引き取りました。福士さんは最期の時が迫っているのを無意識に予感し、ああいう形でみなに感謝の気持ちを伝えたのかもしれません。

人間というものは、たとえどんな人であろうとも、その人にとってマイナスだと思われてきたことが、あるいは一生の汚点であることが、最期の土壇場でひっくり返り、プラスになり得る現実を、この目でたしかに私は見たのです。「見栄っ張り」とどこか毛嫌いされていた福士さんは、終焉の瞬間に、全生涯に光を当てられ一生を完結したのでした。

こうした恵みが、いつの瞬間に与えられるのか、それは、人智のはかり知れぬことでしょう。私はよく芥川龍之介、有島武郎、太宰治、そして川端康成などの死に思いを巡らします。すると必ずリルケの詩が想いだされます。それは、まさに彼らのために書き残されたと思えるのです。

リルケは、名もない小さい人たちに働く「恵みの瞬間」についての叡智を持った詩人に違いありません。それと同時に、つらい最期を遂げた芸術家たちの姿は、生きている私たちに激しく挑戦し、生きる意味を問い続け、彼らの生と死を通して、私たちの惨めさが光に逆転するよう促しているように思うのです。

苦悩の日々でも、「希望」の片鱗を見つけましょう

人間は不幸のどん底につき落とされ、
ころげ廻りながらも、
いつかしら一縷《いちる》の希望の糸を
手さぐりで捜し当てているものだ

——太宰治『パンドラの匣』

苦しみの先に

木原千咲斗さんは大病院を営む家の一人っ子として、幼いころから大切に育てられました。美貌を備え、頭脳明晰で運動神経も抜群。音楽と絵の才能を持ち、クラスのリーダーとして友達からも羨望の的で、稀《まれ》に見る「すべてがそろった人」でした。しかし中学三年の夏休みに、バイクで高速道路を猛スピードで走っているところを保護されます。「どうしてあんなよいお嬢様が、積み木崩しになってしまったのでしょう」と、世間は無責任に口にしました。

彼女にとって、バイクの旅は「自分探しの旅」でした。なに不自由なく育った彼女でしたが、その心は、とても孤独だったのです。ところが両親は一丸となって「すばらしいお嬢様」に戻そうとしました。話も聞かず激励し、強く監視しました。行き詰まった千咲斗さんは、ついに拒食症になってしまいました。自分の部屋に引きこもり、無理に引き出すと暴力をふるうようになりました。この状態は三年間続きました。とうとう両親は、「子を殺して自分たちも死ぬか」という極限状態まで追い込まれ

ます。そして、地獄の底の呻《うめ》きのようにつぶやきました。

「もう病院もいらない、物も名誉もいらない。千咲斗が人間として心満たされた生き方をしてくれたら、親はそれで満足だ」

不思議なもので両親の価値観が逆転すると同時に、千咲斗さんの生活態度は変わりました。彼女は、自分で探した下町の縫製工場で働き始めました。工場の仕事着のまま喫茶店に現れた彼女は、化粧をしない顔に、若い人特有の清潔で凛とした雰囲気を携え、明るい笑顔で決意を表明してくれました。

「私は大検を受けて、医学部へ行こうと思います。できれば家の病院を継ぎたいです。病気を持つ人は、心にも深い悩みを持っています。苦しむ人たちが、人間としての癒しを得る場にしたいのです。人間の苦しみを感じ取ることのできる人たちの働く病院にしたいと思います。我が家の儲け主義に盾突いた私は、今、いっぱいお金が欲しいと思うようになりました」

あどけない笑顔を見せる十八歳の少女のどこから、こんなしっかりした考えが出てくるのだろうと私は感心しました。長い間の苦しみが、彼女をここまで成長させたのでした。

使命に生きぬいたとき、
周りはひとりでに
明るく華やかになっていきます

献身には、何の身支度も要らない。
今日ただいま、このままの姿で、
いっさいを捧《ささ》げたてまつるべきである。
鍬《くわ》とる者は、鍬とった野良《のら》姿《すがた》のままで、
献身すべきだ

――太宰治『パンドラの匣』

献身の人

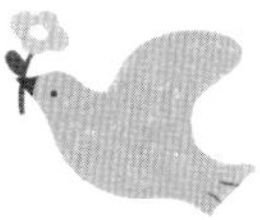

木原千咲斗さんが、事故に遭いました。横丁から飛び出してきた車に驚いて、小学生の男の子が車道に転がり出たのを即座に助け、自身は歩道に倒れてしまったのです。大勢の人が見ている中で、機敏に行動に出たのは千咲斗さんだけでした。救急車の中で意識を取り戻した千咲斗さんが最初に聞いたのは、男の子の安否でした。男の子はかすり傷ひとつ負いませんでした。

次の日、お見舞いに行くと、千咲斗さんがぽつり、ぽつりと語りだしました。

「私はなんだか……不思議な体験をしました。歩道に倒れていた短い間に、十八年間、私が生きてきたいろんな場面が、はっきりと目の前に現れたんです。例えば、最初に暴力をふるったときです。母に向かって椅子を投げながら、怯える気持ちと、もやもやをようやく発散できてすっきりしている気持ちが、入り混じっていました。見ている方の自分は、理解されない怒りを爆発させたんだなと納得しているんです。お母さんは見捨てられたような絶望感で死にたい思いをしているなって、そこに出てくる人の気持ちも自分のことのように理解できて。なぜか、温かい気持ちで満たされていました。そして、『私の人生は終わるのだが、私は満足だ』と強く思いました」

「えっ、満足？」

私は、思わず尋ね、しばらくすると二人で笑いだしてしまいました。ついこの間まで、千咲斗さんは、凄絶といえるほどの苦悩の日々を過ごしてきたのです。

その夜、彼女は再び意識を失い、息を引き取りました。脳内出血でした。

太宰治の作品『パンドラの匣』の中に、「あけてはならぬ匣をあけたばかりに、病苦、悲哀、嫉妬、貪慾、猜疑、陰険、飢餓、憎悪など、あらゆる不吉の虫が這い出し、空を覆ってぶんぶん飛び廻り、それ以来、人間は永遠に不幸に悶えなければならなくなったが、しかし、その匣の隅に、けし粒ほどの小さい光る石が残っていて、その石に幽《かす》かに『希望』という字が書かれていた」という一節があります。

千咲斗さんとその周りは、パンドラの匣を開けて不幸に悶えました。でも間違いなく、箱の隅に「希望」がありました。そして千咲斗さんの献身によって、いつまでも私たちの心は温かな想いに包まれているのです。心から思います。

「千咲斗さん、満足な一生でしたね」

愛する人たちの心の中では、
死んでいった人たちが、
今までよりも強い命の絆で
生き始めます

愛する人たちにのみ死がある。
そして愛する人たちには死はない
——キリスト教の教え

愛する人は生き続ける

私はこれまで、たくさんの親しい友人と永別しました。

二〇二三年の冬にも、一人の若い男性の死に直面しました。

新型コロナウイルスに感染したのですが、熱も出なかったので誰もがすぐに快復するだろうと信じていました。ところが病態は急変。医師は「命は長くない」と判断し、家族や親類を集めるよう伝えました。

集まった家族を前に、彼はこう語りました。

「こんなにも家族が集まって……僕は死ぬのかな。でも、和気あいあいとして楽しいね」

これが彼の、最期の言葉でした。さわやかな死でした。

「和気あいあいとして楽しいね」——彼が命を懸けて死の際に遺した言葉を、みなが反芻《はんすう》しました。私の友人でもあるお母様は、彼の死後、こう語っていました。

「息子を失った寂しさはあるけれど、心配はみじんもありません。そのやさしさが、孫や家族に分散して、いつまでも、私に、そして周囲に降り注がれているのです。『ああ、あの子はあのときあんなことをしてくれた』『ああ、あの子もこんな風に語りかけてくれた』と、孫や家族のふるまいを通して思いだされます。息子は、消えてなくなってしまったわけではないのです」

「愛する人たちにのみ死がある。そして愛する人たちに死はない」という言葉があります。

多くの人は、新聞に載っている死亡の欄を情報として受け取るでしょう。しかし愛する人たちは、その人の死を胸の張り裂ける想いで実感しています。愛する人のみが、死を体験しているのです。

それと同時に、愛する人たちの心の中では、死んでいった人たちが、今までよりも強い命の絆で生き始めるのです。

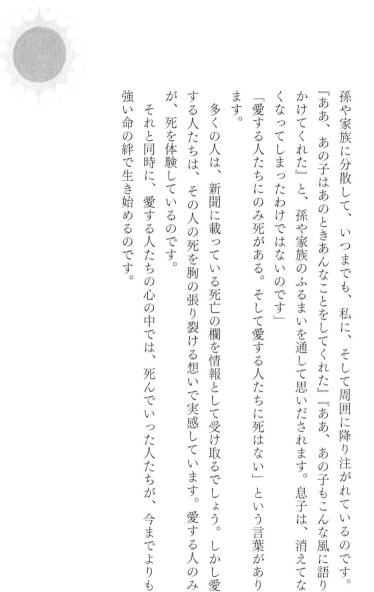

嵐はいつか終わります。
自身の底の底まで、
「酸素」を送る大切なときです

台風こそ、海の底をひっくり返して、
海の底の底まで酸素を入れてくれる。
人間と同じで酸欠では、
魚は生きられないのだから

――台風が近づく海岸で、舟を陸の安全地帯に
必死で引き上げている漁師の言葉

嵐のあとの恵み

台風が近づく海岸で、舟を陸の安全地帯に必死で引き上げている漁師の言葉を聞いたことがあります。

「台風が来ると被害が大きく、あとが大変で、台風など来ない方がいいと思う。しかし、台風が一つも来ない年は魚が獲れなくなる。台風こそ、海の底をひっくり返して、海の底の底まで酸素を入れてくれる。人間と同じで酸欠では、魚は生きられないのだから」と。

二〇二四年元日の能登半島地震では、甚大な被害が生じました。被害に遭われた方の話を聞くたびに、胸が痛みます。一方で、誰もが着の身着のままで飛び出してきた状況であるにもかかわらず、「周囲がやさしくしてくれた」「お互いを思いやって助け合えた」との声を聞くたびに、心打たれました。これこそ、どん底の状況にあってわかる「人間の本能」ともいうべきものでしょう。

私がアメリカで教鞭をとっていたときに、サンフランシスコ地震に遭遇しました。

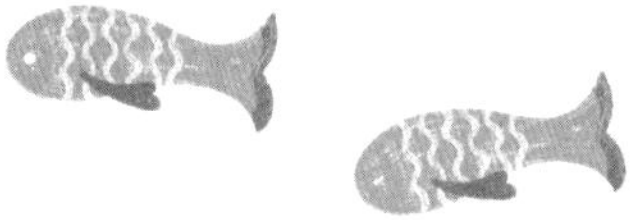

そのときも同じように、助け合う人の姿がありました。

もちろん、綺麗ごとばかりではありません。被害に遭わなかった若者が被災地で強盗を繰り返すといったニュースもたくさんありました。時間が経って物が満たされれば、やがて「助け合い」の感覚は失われ、欲が出てさまざまな問題が生じます。

それでも、すべてを失い避難所に入った方が、「人はこれほどまで、やさしいものか。すべてを失って、身をもって感じた」と語る姿に勇気をもらいました。

新型コロナ、自然災害など、混乱する時代の中で、こうした苦しみは、全人類に大切なことを教えてくれているような気がいたします。

嵐の日々は、心の訓練期です。世界はさまざまな難事に見舞われますが、それによって与えられる恵みがあるはずです。

ほんものに触れること。
それだけで魂が清められます

自分の身近に一つだけ、
ほんとうにいいものを置いておきなさい。
ほんものを自分のそばに置き、
毎日見ているだけで、魂が清められるから。
ほんとうの芸術品には
そういう力があるのだから

――父が病室で語った言葉

ほんものをそばに

私が最初に祈りというものを知ったのは、父を通してでした。
父は絵や骨董などが好きで、東京芸術大学を志望しましたがほかの受験生たちのデッサンを見て、自分にはとても太刀打ちできないとあっさりあきらめ、祖父のすすめで早稲田大学に入学しました。父は大隈重信公から最初に免状をもらい、早稲田で最初のテニスの選手にもなりましたが、美術への想いを断ち切ることができず、結局、先祖伝来の南伊豆の土地を管理しながら、絵を眺めて暮らす静かな生活を選びました。

私が物心つくようになってから、もっとも印象に残っているのは、家の軒下に立って空を眺めていた父の姿です。毎朝、雨が降ろうと風が吹こうと、一時間くらい、ただ静かに身動きせず空を眺めていました。

その姿は荘厳ともいえる雰囲気に満ち、「祈り」を連想させるものでした。

八十歳を前にして、一度、父は新宿にある国立病院医療センター（当時）に検査のため入院しました。父の病室は、まるで美術館の小さな一室のようでした。美術の本が綺麗に並び、骨董品が置かれていました。

父を見舞いに行ったある日、父は言いました。

「気に入ったものを取りなさい。秀子にあげるから」

父が集めたものですから、とてつもなく値が張るようなものではないでしょうが、私にとってはとても高価なものです。

「私にはもったいないからいりません。それに、（修道院にいるため）私物は持ちませんから」

そう答えると、父は言いました。

「自分の身近に一つだけ、ほんとうにいいものを置いておきなさい。ほんものを自分のそばに置き、毎日見ているだけで、魂が清められるから。ほんとうの芸術品にはそういう力があるのだから」

口数の少ない父が言葉には出さなくとも、いつも心に思いめぐらせていた思いが、そのときわかったような気がしました。

人間はみな不完全です。
あらゆる不幸を背負いながら
人を養う、
これこそ神髄です

不完全そのものの自分が愛しぬかれているのだから、
キリストからいただく愛の力で、
あなたも隣にいる不完全な人を、
不完全ながら愛しぬきなさい

——キリスト教の教え

不完全ながら愛しぬく

「みんなひどい火傷《やけど》を負いながらも、出会う人がお互いにとてもやさしいんです。極限状態での人間のやさしさを、私は原子爆弾のあとの広島でつくづく感じました」

ドイツ人のチースリック神父様が、死の直前、しみじみと語ってくれました。

チースリック神父様は若いときに一生を捧げる覚悟で日本へ来て、広島で宣教活動を始めました。軍部の圧力や外国人差別など、いろいろな困難に遭遇したうえに、その赴任地で原爆に遭ってしまいました。

なんとか生き延び、教会に戻ろうと、累々たる黒焦げの死体が転がる中を、倒れんばかりの状態でふらふらと歩いていました。すると、一人の自転車に乗った青年がやってきて声をかけてくれました。わけを話すと、「じゃあ、後ろに乗りなさい」と言って、神父様を乗せてくれました。彼自身も火傷と煤で真っ黒でした。

チースリック神父様は、「あのような悲惨な状況の中で、もっともひどい目に遭った人が、もっともやさしかった。被爆後ほど、人間が人間らしさを見せ合った時代は

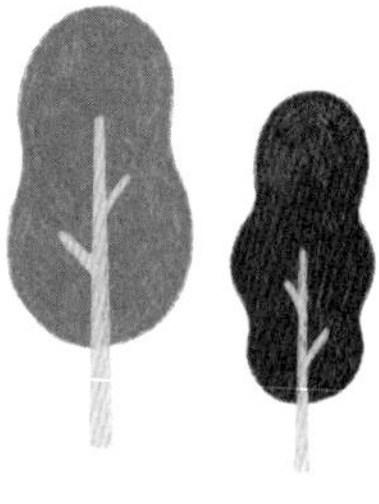

ない」と語っておられました。

生きるか死ぬかの刹那《せつな》のときに、相手が死んでも自分は生きたいと思うのは人間の本能であり、仕方がないのかもしれません。しかし人間には、それよりさらに深い本能があるのです。「お互いに助け合いたい」という人間同士の連帯感です。

人間はみな不完全です。キリスト教の教えは、道徳的で立派な人になりなさいと諭すことを中心に置いてはいません。作家の遠藤周作さんが著された『深い河』には、インドのお寺の地下にあるもっとも醜い女神の像が出てきます。その女神像は、人類のけがれ、汚れ、病気など、あらゆる不幸を背負いながら、乳房から乳を与えて人を養っているのです。これこそ、キリスト教の神髄を表しているといえるでしょう。清濁併せのむ、現実をありのままに受け容れるということから出発しています。

キリストもまた、人間の苦しみ、痛みなどをすべて背負い、みんなを養い、生かし続けているのです。キリストからいただく愛の力で、あなたも隣にいる不完全な人を、不完全ながら愛しぬきなさい——これがキリスト教の教えです。

人生は苦しいことや
つらいことをバネに上昇します

川の流れは、絶え間ない
土や石の妨害があるからこそ、
その土や石の間をぬって
流れつづけることができる。
川岸を作っているのは、
まさにこの土や石だからだ

——タゴール

悲しむ人びとは幸いである

私が出会ってきた死に直面した人たち、自殺を考えながら、もう一度生きることを選んだ人たち、想像も及ばないほどつらい状況にありながら希望を持って真剣に生きている人たちは、強靱な人間的魅力を持っています。

いったんどん底まで行って、そこを超え、生きる意欲を見いだしたとき、人は通常では見られないすばらしい魅力を放つようになるものなのです。

ある高校に、先生たちのための研修指導に行ったときのことでした。

私は先生たちに、自分のそれまでの人生を振り返り、横軸を年度、縦軸を幸福度にして、人生の折れ線グラフを描いてもらいました。するとほとんどの人が、いったん下にぐっと落ちたあと、それと比例した角度か、あるいはもっと急なカーブで上昇していくという曲線を描いていたのです。一方的に右肩上がりに描いた人生は、一つもありませんでした。

ほかの人の目にはいかに幸福そうに見えても、どの人も決して平坦な人生を歩んで

はいないものなのです。私はそれを見て、人生というものは、苦しいことやつらいことがバネになって、上昇していくものなのだと実感しました。

一人だけ、線が極端にガクンと落ち、その後、徐々に上がって、ついにもっとも高い点に達しているというグラフを描いた先生がいました。

その先生に、線が落ち込んでいるところで何があったのかを尋ねたところ、こう答えてくれました。彼には一流大学の理学部を出てコンピューター会社に就職した一人息子がいました。その息子が二十七歳のときに、仕事の疲れから交通事故を起こし、即死してしまったのです。それがそのときだということでした。

しばらくして彼は、「ああっ、そうか」と、周りが驚くほどの声をあげました。そして、しみじみ述懐しました。

「息子の死以来、私の人生はつらく希望のない、悲哀に満ちたものだと思い込んできました。それなのに、無意識のうちに、こんな幸福度の高みに昇るような線を描いていたのですね。息子が自分の生命にかえて、私の人生に上昇線を描かせるような力を与えてくれたのかもしれません。幸福に生きるための力を」

真の価値は、
「虚飾」を廃した先に
見つかります

空のように　きれいになれるものなら
花のように　しずかに　なれるものなら
価《あたい》なきものとして
これも　捨てよう　あれも　捨てよう
――八木《やぎ》重吉《じゅうきち》

真の価値とは

大正期、ひたむきに神を敬い、人を愛することを求め続け、わずか二十九年の短い生涯を閉じた詩人・八木重吉。

冒頭の詩は、たった四行ですが、真の満足を得られるなら、物質的な条件や虚飾を廃し、時間的な制約から逃れ、無条件の世界をめざし、至福の境地にひたることのすばらしさを示唆しています。

私たちが日常的に暮らしているのは物質の世界――いわば条件付きの世界です。例えば、たくさんのお金を稼いでいるとか、会社での地位が高い、背が高いなどということで評価される、いわば比べることのできる世界です。

条件付きの制約された世界にいながら、ほんとうに自分が望むものはなんだろうかと考えるためには、時間を取り去り、営利を放棄して、静かに内省してみることも必要ではないでしょうか。なにも人里離れた場所で修行をしたり、隠遁生活を送るということではなく、ときに「自分自身への旅」のような一日を持ってみることも必要で

しょう。人生においては、とても贅沢な時間ではないかと思います。

また、戦国時代の武将・山中鹿介《しかのすけ》は、三日月を仰ぎ、主家である尼子《あまご》家の再興を誓って、「願わくは我に七難八苦を与えたまえ」と祈ったといわれています。通常であれば、自分から苦難の道を望む人はいません。しかし、社会があまりにも物質的に恵まれすぎると、精神性が希薄になり、なんとなく虚しくなってきます。そこで、ことさら物質的な側面をはぎ取り、自らを苦境にさらすことで、精神的な充実感を得ようとする人も出てくるわけです。

しかしよくしたもので、人間の一生のうちには、自分から意図しなくても適当に苦しみが配慮されているものです。自らを苦境にさらさなくても、必要なときに、苦しみや思いどおりにいかないことが配分されるのです。そういうものに遭遇したときに、それをバネにしながら、自分が心を満たされる方向に向かっていこうと努力すればいいのです。

真の満足、真の価値とは、そうした苦難の先に虚飾がはぎ落とされて、見えてくるものなのではと思います。

マイナスな感情は、
頭の中で
「キャンセル、キャンセル」と
消してしまいましょう

楽天主義こそ
いっさいを成功に導く信念である。
希望がなければ
何ごとも成就するものではない

――ヘレン・ケラー

不幸も幸せも自分がつくる

つらくて苦しい出来事に見舞われたとき、あなたはどうしていますか？　自分に向かって何かを言っていないでしょうか？

例えば、あなたが突然不治の病であると宣告されたとします。宣告されただけでなくて、子どもまで事故でひどい怪我《けが》をします。このように次々と嫌なことが起きる、そんなときにあなたは心の中で何と言っているでしょうか。ちょっと考えてみてください。

そういうとき、だいたい〝質問語〟を発しています。その〝質問語〟をつかまえることができれば、あなたの人生は変わっていきます。「どうして私にこんなひどいことが起こるのか」「なんであの人は私にこんなひどいことをするのか」などと、自分に向かって質問をしていないでしょうか。

その質問をつかまえてください。そうしてその質問を「キャンセル、キャンセル」と言って、頭の中で消してしまいます。人間ですからそう感じるのは当たり前です

が、それにこだわらないことです。もしこだわり続けていると、どんどん不幸になっていきます。不幸も悪くないかもしれません。疾病利得《しっぺいりとく》というように、「かわいそうに、かわいそうに」と周囲の人たちが一時は慰めてくれるからです。でも長続きはしません。狼少年と同じで、本当の幸福につながりません。

　自分を被害者にし始めたら、しっかりと両足で立ってみます。被害者というのは自分が小さくなり、惨めになっていきます。そして不幸になります。まず自分がしっかりとした主体性を持つことです。小鳥でさえ、ちゃんと生きていけるのに、この私が生きていけないはずがないと、自分に自信を持ちます。そして「これはどんな意味があるのだろう。今はわからないけれども、意味が見えてくるまで楽しみに待ちましょう」と、自分に語りかけてみてください。

　こんな方法もあります。自分を不幸だと思ったら、惨めだと思ったら、つらくてたまらなくなったなら、当たり前のことにいっぱい感謝してみましょう。少なくとも十個、感謝することを探してください。

　私たちは自分で自分を不幸にし、自分で自分を幸せにしていけるのです。

先のことは心配しないで。
明日は何が起こるかわからない。
でも、今は命があるのです

命のある限り、希望はある
——キケロ

今、命があるということ

子どもが十年間も閉じこもって悩んでいる人がいました。子どもは家庭内暴力がひどく、夫は理解がなく冷たくて、その人は地獄の生活のようだと感じていました。

ところがあるとき、ふっとこんな考えが脳裏をかすめたと言います。

「こんな状況の中でも自分たちは生きてきた。人間というものは、なんと強いものか。十年もひどい仕打ちに遭いながら、暴力をふるう息子には殺されず、夫とも別れずにくることができた」と。

「息子が治るように、まっとうになるように、暴力をふるわず社会に適応し、幸せを味わえるようにと、自身の深いところで、十年間、片時も休まずに願い続けてきた。息子に憎悪を覚え、死んでくれた方がいいと思うことがあっても、心の深いところでは幸せになるようにと願い、その気持ちは絶えることがなかった」と、そんな想いが悟りのように閃《ひらめ》いて、呆然となったそうです。

するとと突然、息子が後ろから来て肩をもんでくれました。思わず涙があふれてきました。息子が「母さん、ごめんね」と言いました。自身も思わず「謝ることはなんにもないのよ。あなたが生きていてくれて、母さんも生きていて、一緒に同じ屋根の下で生きていてよかったね、うれしいね」と言いました。

ちょうどそういうときが来ていたのでしょう。引きこもりが十年にも及んだので、双方とも転換の時期が来ていたのでしょうか。思わず和解しました。「十年の苦しみがなければ、親子とはこんなにありがたいものだと思うことはなかった」としみじみ感じたそうです。それからというもの、「お日様が輝いていてもうれしい、花が咲いていてもうれしいと思えるようになった」と教えてくれました。

人間の根底にあるいちばん大事なもの——それは生きていること、命あることではないでしょうか。人はそれが当たり前と思い、その尊さになかなか気づかないものです。明日は命がないかもしれません。今日元気に出かけた人が、交通事故で亡くなるかもしれないし、明日はどういうことが起こるかわかりません。でも今は、命があるのです。

先のことは心配しないで。今、命があるという事実に目を向けるときに、私たちは、本当に自分を活かすことができます。

自分のことを
「ダメだ、ダメだ」と言って、
下の方に向いている心を
ひっくり返して、
希望の方向へ
向かっていきましょう

私は、与えられた障害ゆえに神に感謝します。
これらの障害を通して、私は、自分を、仕事を、
そして神を見いだしたのですから

――ヘレン・ケラー

心を回す

私たちは誰でも弱さがあるということが前提です。それにもかかわらず、完璧でなければダメだと思い込んで、自分を押しつぶしてしまう人が多いのではないでしょうか。すると、愛と反対の方向に行きがちです。

私たちにとって大切なのは、キリスト教の「回心」という考え方です。

「回心」というのは、心を回すことです。自分のことを「ダメだ、ダメだ」と言って、下の方に向いている心をひっくり返して、希望の方向に向かっていくのが回心です。「私は弱いけれども、神様が許してくださる」「もう一度やりなおそう」という希望をもって、心をひっくり返していかなければなりません。

自分だけでは弱いけれども、人間を超える大きな存在が、自分を生かし続けてくださる。「あなたは生きていいんだよ」という神様の慈しみ、許しの中で、心を回していくのです。「もう一度生きなおそう」と、回心するのです。

失敗するというのはつらいことです。しかし、それは月謝を払うことと同じです。

この失敗から何を学べばいいのかを考えます。そのときの痛い思いは、自分が何を身につけたらいいのかを教えてくれます。

人間にとっていちばんの誘惑は、「だから自分なんて、ダメなんだ。生きている価値もないんだ」という言葉です。これは、自分をもっとも誘惑する言葉です。悪に近い言葉です。その誘惑に陥らないように、気をつけなければなりません。これは人を傷つけるのと同じくらい、自分を傷つける言葉です。

思いどおりに
いかないからこそ、
輝きだすものがあります

この世の最上のわざは何？
楽しい心で年をとり、
働きたいけれども休み、
しゃべりたいけれども黙り、
失望しそうなときに希望し、
従順に、平静に、
おのれの十字架をになう――

――ホイヴェルス神父「最上のわざ」

老いるということ

イエズス会のホイヴェルス神父様はすばらしい働きをなされ、大勢の方に慕われました。哲学者として上智大学で教鞭をとり、優れた学者をたくさんお育てになりました。背が高く楚々《そそ》としたドイツ人で、日本語がお上手でした。地球上には国籍の違いで隔たりができることなどないのだと、つくづく感じさせてくれる方でした。

そのように立派な方でしたが、高齢になってから、食事をなさったのを忘れて、食べ終わったあとまた、食堂に見えるようになりました。

「神父様、もうお食事は召し上がりましたよ」と言うと、「あっ、そうですか」と素直にお部屋に戻っていかれます。「いや、食べていない」と騒がれる方も多い中、記憶力が衰えてしまっても、そのふるまいに長年の修練というのは現れるのだと、周りの人は感嘆したそうです。

年齢を重ねると、私たちが「こうあるはずだ」と思うこととは違うことが起こってきます。私たちは、「自分の意のままになるのが幸せ」と思いがちです。でも、思い

どおりにいかないからこそ、そこに輝きだすものがあります。病気になったとき、自分が何もできなくなったときに身に染みる、人のありがたさ、尊さがあります。

私の親しい方が年をとられて、「昨日までは指をここまで伸ばすことができました。でも今日は伸ばせません。明日になるともっと伸びないでしょう。毎日少しずつ自分の持っていたものをお返ししていくのです」と言っていました。年をとっていくということは、私たちにとって当たり前であったことを、日々返していくつらさを味わうことになります。

冒頭の詩「最上のわざ」は、ホイヴェルス神父様が晩年にお書きになった詩の一節です。そこには、高齢になった老人の心境が綴ってあります。

それは遠い先のことと思いがちですけれども、私たちが病気のとき、あるいは苦しみに見舞われているとき、ここに書かれていることを思いだす必要があると思うのです。しっかり心に刻みつけておきたいのは、「年をとるにつれて、思うとおりにいかないこともいろいろ起こるけれど、それもまた恵みである」ということです。

人間がこの地上に生かされているのは、わずか百年ほどです。その間に私たちは「最上のわざ」をできるだけたくさんして、生きていたいと思うのです。

絶対の善も、
絶対の悪もありません

善魔というのがいちばん始末が悪い。
悪魔なら戦えるけど、
善魔って奴がいちばん困るんだ

——遠藤周作

「善魔」がいちばん恐い

長年親しくしていただいた友人で作家の遠藤周作先生は、一九八六年に『スキャンダル』を上梓されました。この作品を書かれるきっかけとして、アウシュビッツをご覧になったことが大きかったのだそうです。

先生亡き後、奥様の順子さんが、私にこう、教えてくださいました。

「実際にアウシュビッツを訪ねて、そこで昼間、何百人ものユダヤ人をガス室に送っていたドイツ人が、夜、家へ帰るといいお父さんで、子どもと一緒にモーツァルトを合奏したりしていたということを知って、大変なショックを受けていました。『今までは罪を書いてきたけど、これからは悪を書きたい。本当の悪を書きたい。今までの自分のイメージを壊してでも、自分の評判を落としてでも、自分は悪を書きたい』と申しておりました」

この場合の「悪」とは、単に意識的な行為の次元だけではなくて、はっきりした形をとることなく意識下に潜む「悪」を指すのでしょう。

先生は、自分が正しくて相手は悪いという態度に対して、非常に厳しい方でした。自分が正しいと言っている人は、そう言う自分の中に悪が潜むことに気づきません。

キリスト教だけでなくどんな宗教においても、「組織宗教」になった途端に、宗教の名のもとに殺し合う歴史があります。そこには人間の悪の、のっぴきならなさが満ち満ちています。愛のためと言いながら、悪を行ってしまうのが人間です。よかれと思ってすることが、結局、苦しみをもたらすという皮肉です。宗教だけでなく、どの組織においてもいえることでしょう。

先生は、こうもおっしゃったそうです。

「絶対の善も絶対の悪もない」

「善魔というのがいちばん始末が悪い。悪魔なら戦えるけど、善魔って奴がいちばん困るんだ」と。

雅号から「狐狸庵《こりあん》」の自称でユーモアあふれる作品を書かれていたのも、人間の根源に潜む悪を見つめ続けられた結果なのでしょう。「正しさ」さえ悪に深く結びついているならば、あとは徹底的に笑いのめすしかなくなるわけですから。

幸せは、
一ミリずつ
花開いていきます

きしきしと　牡丹蕾《つぼみ》を　ゆるめつつ
——山口青邨《せいそん》

幸せは、一ミリずつ

世の中には陰と陽があって、プラスとマイナスで物事が成り立っています。

ある大きな企業で苦情係をしている女性がいます。その女性は優秀で温かい方ですが、人間ですからストレスが溜まってきます。ストレスが溜まると、顔に湿疹ができるのですが、若いお嬢さんですから、この湿疹さえなければと思って、病院に行って治してもらおうとしました。

　でもあるとき、私は「あなたはこの湿疹に守られているんですよね」と言いました。湿疹が出るとストレスが溜まったと思って、早く寝たり、食事に気をつけます。湿疹ができなければ、働きすぎて、どんどんストレスが溜まり、気がついたときには大病になっているかもしれません。

「いいこと」と思うことが、案外そうではないということがけっこうあります。逆もまた、しかりです。私たちが今、置かれている場の中で、すでに多くの「いいこと」があるということに目を向けていく、そのことが私たちを幸せにしてくれる大きな力になります。人は決して、一人では生かされていません。いろいろな人に生かされているのです。

山口青邨の俳句の「きしきし」とは、一ミリ、また一ミリということです。牡丹はあのすばらしく大きな花を、パッとは咲かせません。「きしきしと」という音の中に、静かに少しずつ、少しずつ、つぼみが花開いていって、大輪の花になるという情景が歌い込められています。

私たち一人ひとりの人生がこの大輪の牡丹だとするならば、自分が幸せになり、あなたのそばにいる人が、あなたの存在ゆえに幸せになっていく。その小さい努力が「きしきしと」ということです。

あなたというつぼみが花開いて、大輪の花になるときは、死ぬときです。人生を完結させて、すばらしい花になっていく。そのときまで、つぼみを一瞬一瞬、きしきしと小さい音をたてながら花を開かせていきます。

小さいことから花は開いていくのです。一度に大ごとを望まないでください。真の意味での「いいこと」とは何か、ときに立ち止まり、考えてみましょう。幸せは、一ミリずつです。

スイッチ一ひねりで、
心の灯は明るくもなり、
暗くもなります

世界は、ほんのスイッチの一ひねりで、
そういう幸福な（?）世界ともなり得るし、
また同じ一ひねりで、
荒冷たる救いのないものともなる

——中島敦『かめれおん日記』

明暗はスイッチ一つ

清華貴子さんは、阪神の名家・清華家の令嬢です。大学で日本近代文学を専攻し、私の講義を受講しました。ある日、相談があると言って研究室を訪ねてきました。

貴子さんはこう打ち明けました。「私は平凡な生活がしたいのです。小さいときから厳しい躾《しつけ》を受けてきました。いつも優等生で、先生方からも信用されてきました。でも、社会に出る今、つらい気持ちなのです。私は、本当の自分がわからないのです」

また、サラリーマンの男性と恋に落ち、結婚を望んでいるとも言いましたが、おばあ様から名家との結婚をすべしと暗に説かれ、反対に遭っているとのことでした。

一九九五年一月十七日、阪神・淡路大震災が発生しました。清華家も甚大な被害を受けました。幸いにも、ご家族はご無事でした。周囲は、（父親が経営する）会社の用意したホテルに入るように一家を説得しましたが、おばあ様は、「こんな事態のとき、自分たちだけホテルに行くわけにはいかない」と断固として断ったといいます。

運よく空いていた独身寮のアパートへ、歩いて四時間かかる距離を避難する途中、会う人ごとに声を掛け合いました。近所のぐうたら息子で評判のぼんぼんが、一人で懸命に、『ここを曲がると駅方面への細い道が通れます』『この道は行き止まりです』などと書かれた紙を貼っていました。途中、道端に座る老人が、みかんを両手いっぱいに分けてくれました。歩き疲れた一家にとって大きな救いでした。

人から「代々、大切になさったものを、全部失われて」と慰められると、おばあ様は、静かにこう答えたそうです。「この世のものは、そんなものです」。

貴子さんはこう語ります。「それは私たち家族の腹にドスンと響く迫力に満ちた一声でした。そして祖母は、私に言いました。『貴子さん、自分の納得のいく生き方をなさるがよろしい』——こんな言葉を祖母の口から聞ける日が来ようなどとは夢にも思いませんでした」。

「想像もできないような不自由な生活ですが、私は今ほど、清華の娘に生まれたことを誇りに感じたことはありません。家も持ち物も失いましたけど、どう生きるかは自分の選択にかかっているのだと思えるのです」

中島敦の冒頭の言葉に、貴子さんは励まされていると語りました。震災という救いのない状況の中ですが、心の火を灯して頑張っているのだとも。

親が命をかけて
大切にしたものは
必ず子に伝わります

棄てよう、棄てようと思っていても、
母親が命をかけて
生涯守り通してきたものは、
棄てられない

——遠藤周作

母子で守りぬいたもの

遠藤周作先生のお母様は、敬虔なカトリック信徒でした。

先生のお母様の命日に、聖心女子大学のチャペルにて、追悼ミサが開かれたときのことです。私は偶然、先生のすぐ後ろの席に座りました。ミサの間、先生の肩は、ずっと震えていました。

ミサが終わり、チャペルを出るところで、また偶然、先生と並びました。そのとき先生は一言、私にこうおっしゃったのです。

「シスター。どんなに母親に反発して、棄てよう、棄てようと思っていても、母親が命をかけて生涯守り通してきたものは、棄てられないよね」

私はこの言葉を一生、忘れることができません。これが先生の真髄だったのだなと、強く思ったものです。

先生は、「母なるもの」という言葉をよくお使いになりました。人間の存在を超える、もっと大きな存在を表すときに、必ず「母なるもの」という言葉を使われました。

もちろん、母親というのは決してただ綺麗なだけの存在ではありません。もっとドロドロとしたエゴの塊《かたまり》のような面もあるでしょう。先生とお母様も、現実にはぶつかることもあったそうです。音楽家であったお母様は、芸術に関することでは決して妥協せず、自分にも他人にも厳格だったといわれています。先生が「もうこんな家に来るもんかい」と捨て台詞《ぜりふ》を残して家を出たこともあったと聞きます。そういう面が時間によってどんどん洗い流されていって、純化されたともいえるでしょう。

　先生の奥様・順子さんはこうお話しされていました。

「主人は母から『ホーリィでない』と言われるのをとても恐れていたみたい。悪戯《いたずら》しても、成績が悪くても、何も怒られなかったけれど、『それはホーリィでない』って言われるのが、子ども心にこたえたそうなのです」

「ホーリィ」というのは、日本語で「聖なる」という意味です。「ホーリィでない」とは「神の愛に反する」という意味なのでしょう。先生は『深い河』をはじめとしたいろいろな作品で「愛」という言葉を使っておられますが、その根底には、お母様の「ホーリィであることが人生でいちばん大切なことだ」という教えが貫いていたのだと思います。

弱さを誇りましょう。
悩みは
成長を促すチャンスです

わたしの恵みはあなたに十分である。
力は弱さの中でこそ十分に発揮されるのだ

――聖書（「コリントの信徒への手紙2」12：9）

合言葉は十秒

人は一人ひとりが固有の使命を与えられてこの世に生を享《う》け、それぞれ違った体験を通して成長し、生きています。ときには、つらいことや嫌な人間関係だって生じます。けれども、それを正しい、正しくないという尺度ではなく、自分の中に起こってくる感情も含めてありのままに受け容れていけば、人間の力を超えた大きな力がこの世にはたらいていることに気がつくでしょう。

　嫌なことがあっても、「病気のおかげで人のやさしさに触れられた」「震災のおかげで一杯の水のありがたさを知った」と感謝の心を持ち続けることが大切です。食欲がないときに、元気に食事をする人を見れば、「食べられる」ことのありがたさを感じます。足腰が痛いときに、駅まで駆けていく若い人を見れば、「歩ける」ことのありがたさを感じます。今、この瞬間、できることを探してください。

　人間は、死ぬまで成長する生き物。そして悩みは、成長を促す原動力です。決して悪いものではありません。「成長につながるチャンス」と捉えていくのがよいでしょ

う。

もし悩みを抱えたら、手紙を書くでもいいし、新聞紙くらいの大きい紙を広げてマジックでうっぷんをいっぱい書くでもいい。自分の外に出すと客観的に見えて、解決に向かうきっかけになります。一人では解決できそうにないことは、「この人は安心」と思う人がいれば、聞いてもらうこと。「ただ一緒にいて聞いてくれればいい」と頼みましょう。

人生なんて、本当にシンプルです。「小さいことの積み重ねで人生ができている」というのが私の根本的な哲学です。

私は日ごろから、自分に「十秒」と言い聞かせています。例えば部屋にゴミが落ちていたら「面倒くさい。こんなの後で」と思っても、捨てるのには十秒もかからない。むしろ一秒です。洋服を畳むのも「これは十秒」と言い聞かせる。すると、どんどん部屋が片付いていく。そして「綺麗な部屋に入れた、気持ちよい。十秒のおかげ」と清々しい気持ちに浸ることができます。

さあ、今できることから、一歩を踏み出しましょう。

不遇を味わう人は、いつか慰められます

悲しむ人々は、幸いである、
その人たちは慰められる。
義に飢え渇く人々は、
幸いである、
その人たちは満たされる
――聖書（「マタイによる福音書」5：4、6）

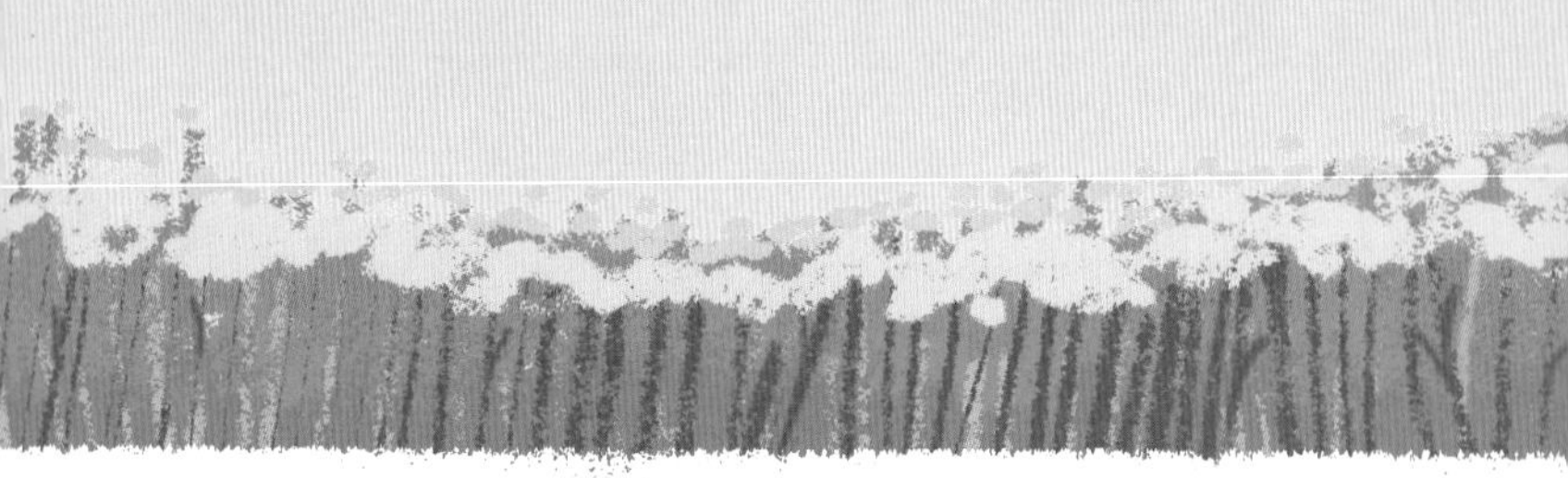

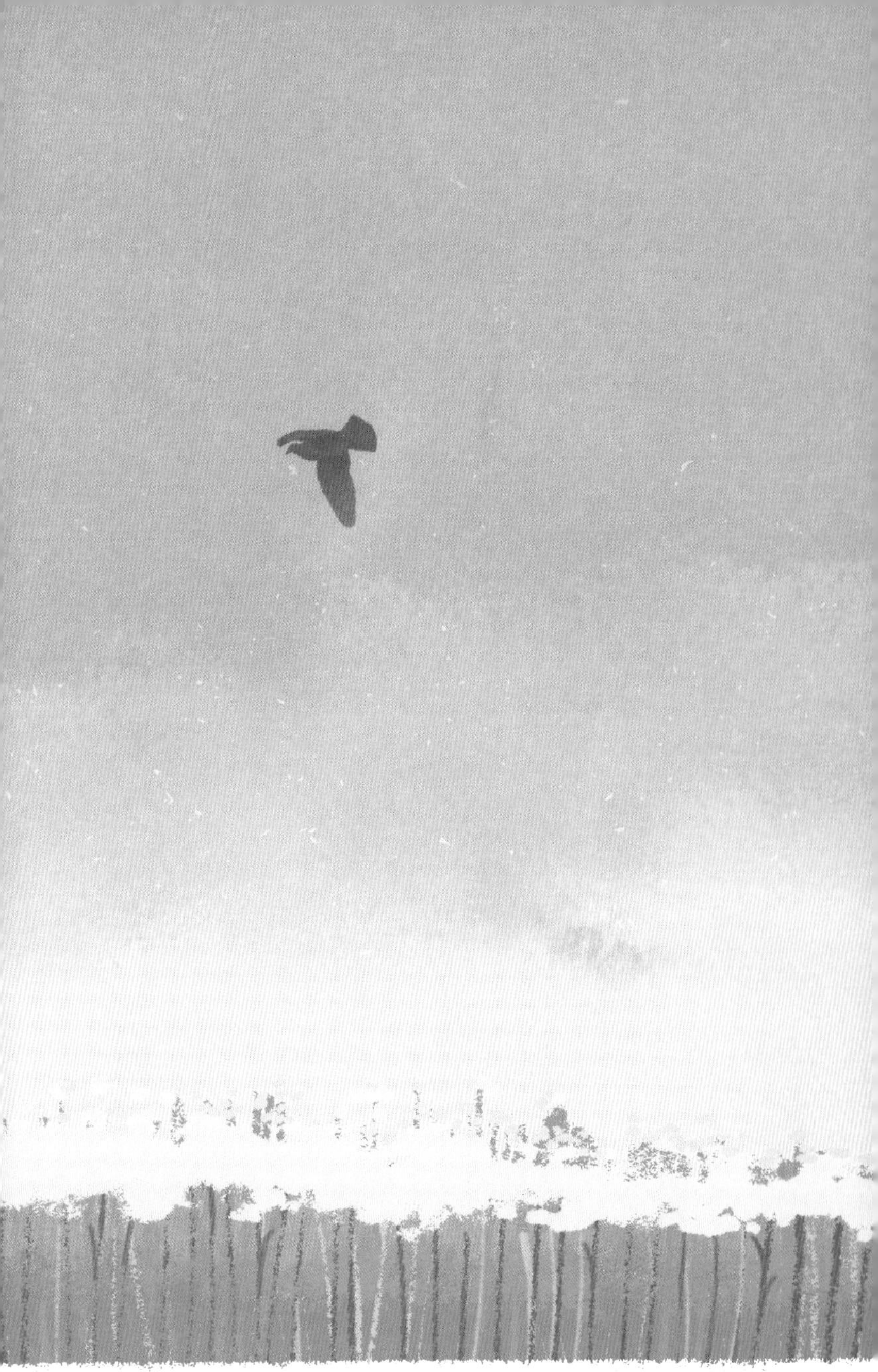

絶望を超えて

イギリス北東部のウェスト・スタンレーの炭鉱が大爆発事故を起こした直後のことです。すぐ現場に駆けつけたダーラム市の司教ハンドレー・モールは、炭鉱の入り口にたたずむ人びととともに立ちつくしていました。坑内に生き埋めになっている人たちの家族の真ん中に立ち、不安と嘆きをともに感じ続けていました。

救出作業はなかなかはかどらず、苛立ちのうちに時間が過ぎていき、ついには人びとの間にあきらめの気持ちが広がり始めました。

ものを言う力も失せ、黙りこくってしまった人びとに向かって、司教は初めて口を開きました。まるで自分自身に言い聞かせているかのように、深くしみじみとした調子で語り始めたのです。

「こんな悲惨なことが起こるなんて、本当に信じられません。このような悲惨な災害の起こることを、神はなぜ許されたのか、理解に苦しみます。でも、私たちは神を信頼しています。今どんなにつらく、受け容れがたいことであっても、長い目で見たとき、すべてのことが結局はうまくいくようになることを知っています。

私は幼いころ、母から一枚の刺繍のしおりをもらいました。裏側から見ると、いろいろな色の糸が、めちゃめちゃにもつれ合っています。まるで間違いのようにしか見えないのです。しかし、それをひっくり返して表を見ると、びっくりしました。見事な飾り文字が刺繍されているのです。そこには、『神は愛である』と書かれていました。

私たちは、今日、目の前で起こった出来事を、すべて裏側から見ているのです。私たちは、いつの日か、今と違う観点からそれらを見て、今日起こったことの意味を理解するに違いありません」

幸福には多くの場合、そのもとになる大きな苦しみがあります。苦しみのかたわらには、必ず慰めがともにあります。嫌なことが起こったときは、高いところに飛躍できるチャンスでもあります。

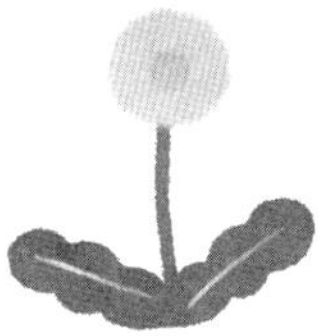

この世で一人でも、
自分のことを
気にかけているという
事実だけで、
人の心は生き還るのです

人生における本当の喜びと幸せは、
あなたが与えて与えて、
そして、さらに与えつづけて、
その代償を決して考えない時に見つかります

――アイリーン・キャディ

人のために

佳代さんは、八歳の息子を夫のもとに残して離婚しました。夫が母親離れしていないために、姑《しゅうとめ》との間で夫を取り合ったのが原因でした。息子は夫側が引き取ることになり、佳代さんは、追い出されるように家を出ました。離婚後は、昔働いていた美容師の仕事に戻りました。どんなに忙しくても、息子のことを忘れることはありませんでした。でも「お姑さんは息子に、自分のことを悪い母親だったと吹き込んでいる」との思いにとらわれて連絡がとりにくく、息子とは音信不通になっていました。

二十年近く経った一九九五年一月十七日、阪神・淡路大震災が起きました。佳代さんはそのとき、「死んでやっと楽になれる」と思ったそうです。しかし突然、誰ともわからぬ激しい叫び声が窓の下から聞こえました。「逃げろ、そのまま逃げろ」。

佳代さんは背中を押されるように、外へ飛び出しました。大勢の人に押し流され、近くの学校の体育館に避難しました。数日後、避難所の校内放送で自分の名が呼ばれました。窓口に出向くと、背の高い青年が立っていました。彼はじっと佳代さんの目を見つめると、静かな声で言いました。

「母さんだね」

八歳の少年の面影が、青年の顔に重なりました。

「地震があったと聞いて、心配して来たんだ。元気でよかった。母さんのことは、いつも心にかけていたよ」

佳代さんは息子と抱き合い、声をあげて泣きました。息子はぽつぽつと近況を話して、風のように立ち去りましたが、充分でした。「自分はこの世の中で一人ぼっちではない」と思うと、佳代さんの胸に生きるエネルギーがこみ上げてきました。「何か人の役に立ちたい」との心が芽生え、避難所で希望者の爪を切り、やがて髪を切って回るようになりました。

「何もない生活の中で、他人が喜んでくれることへのうれしさで一カ月を暮らしました。そしてわかったことは、落ち込んだ気持ちから立ち直るためには、どんな小さいことでもいい。他人様のために働くのがいちばんだということ。そのことで人はエネルギーをいただけるのだと、身をもってわかりました」

彼女の心の目には、震災前と全く違う風景が見えていました。

一つの出会いが
その人の人生を
根源から
変えることもあります

人との出会いは必ず大きな影響を与える。
人との出会いは必ず何らかの痕跡を残す
——遠藤周作

人生を決めた出会い

一九六七年ごろ、作家の遠藤周作先生が、聖心女子大学に講義に来てくださったことがあります。そのとき、初めから終わりまで、フランスのカトリック作家であるモーリャックと、イギリスの小説家・グレアム・グリーンのことをお話しされました。

そこで、「人との出会いは必ず大きな影響を与える。人との出会いは必ず何らかの痕跡を残す」「一つの出会いがその人の人生を根源から変えることもある、自分にとってそれは、両氏との出会いであった」とおっしゃっていたことを、はっきりと覚えています。

先生は晩年の作品『深い河』を書かれるとき、創作に行き詰まると、必ずグレアム・グリーンとモーリャックを読み返していたそうです。『「深い河」創作日記』には、「そのうまさ、その情感にみちた文体に圧倒される」とか、「グリーンのうまさが羨ましい」などということが、たくさん書いてあったといいます。この二人が遠藤文学の原点なのでしょう。

ちなみに先生は偶然、グレアム・グリーンにロンドンで初対面しています。ロンドンのホテルでたまたま、エレベーターに乗り合わせたのだそうです。グレアム・グリーンの方は「三十分しか時間がないけれど」との制約付きで、地下のバーで話を始めたそうですが、結局、二時間も話し込んだそうです。

「自分はもうじき銀河鉄道に乗ってこの世にいなくなるから、時間が残されていない。どうか私の代わりに、カトリック文学をしっかり頼むよ」と、遺言のようにおっしゃったと、奥様の遠藤順子さんが、先生から聞いた話を教えてくださいました。

ちなみにグレアム・グリーンはその夜、チェックアウトして、翌日にはイタリアへ発つ予定だったそうなので、本当に最後の最後のチャンスでした。

先生は、「いかに私はあなたから影響を受けたか、はかり知れない。もし、あなたの作品を読まなかったら作家にならなかったかもしれない」と話して、グレアム・グリーンもとても喜んでくれたそうです。

まず、あなたがいる
その場所で、
自ら愛を振りまきましょう。
必ず変わります

行く先々で愛を振りまきなさい。
まず自分の家から始め、
子どもたちに、伴侶に、そして隣人に
愛をあたえなさい

――マザー・テレサ

よいことを三分

小さい手帳に、毎晩寝る前に、三分だけ書いてみてください。今日一日を振り返ってみて、よかったこと、うれしかったこと、感動したことを、できるだけたくさん書きます。時計を見て、三分を超えないようにします。

反省ではありません。ここでは反省はしないこと。「今日、綺麗なお花を見られてよかった。今日は元気に過ごせてよかった。久しぶりに大勢の方に出会って元気が出た。お天気がすばらしくて気持ちがよかった。お食事がおいしかった」など、なんでもいいのです。

一カ月続けたら、書いたものを見てみてください。不思議な発見をしますよ。あなたの手帳には、自分にとってよかったことや、うれしいことなどがいっぱい書いてあります。必ず効果が出てきます。それは、自分がとても生きやすくなっているということです。いつもスカッとした気持ちになり、なんだか毎日をよい気分で過ごせるようになれるでしょう。

これを続けていくと、自分の中から不思議な奇跡が起こってきます。人間の中にある至福に至る力が、毎日湧き出してくるようになります。

人間は生まれる前から、自分の人生をどう過ごすかを設計してくるといわれます。人間として成長していくために、苦しみを経験し、乗り越えていくことを計画していたのかもしれないのです。

マザー・テレサも、愛とは、何か大きなことをすることではないと言っています。小さいことからすべては始まります。いちばん身近な家族を大切にしてください。家族というのはけっこうわずらわしいこともあるものです。けれども身内から始めてみてください。

それよりももっとも近い人間関係は、あなたとあなたです。自分のことを責めて、「あれも悪い、これも悪い、もっと完璧でなければ」と苛《さいな》まないでください。まず自分を許すことが大事です。神様のやさしさを、自分にも示してあげてください。

小さなことでよいから、
他者のために生きましょう

一羽の小鳥を癒しなば
我が生涯に悔いあらじ

――エミリー・ディキンソン

おかげ様で

ミルトン・エリクソンというアメリカの心理療法家のもとへ、老婦人が訪ねてきました。老婦人にはたくさんの財産があるのですが、孤独で、「自分は不幸だ」と思っていたそうです。「何不自由のない暮らしをしているけれど、寂しくてたまりません」と。けれど彼女にはたった一つだけ、アフリカスミレを育てる趣味がありました。

そこでエリクソンは、「できるだけたくさんのアフリカスミレを育てなさい。日曜日に教会に行ったときに、教会に属している人の誕生日のリストをもらってきて、誕生日がきた人にアフリカスミレを一鉢ずつ贈りなさい」と、老婦人に宿題を出しました。

老婦人は、一生懸命にアフリカスミレを贈り始めるのですが、一鉢贈るたびに、思いがけない喜びの電話やお礼の手紙が来るようになりました。老婦人の周りには、だんだんと笑顔の人が増えていきました。こうして老婦人は幸せになったと、エリクソンは書き残しています。

人間はこの世に生を享けた瞬間から、たった一つの欲求に突き動かされているといわれます。「自分の存在が他の人から認められ、受け容れられ、高く評価され、大切にされたい。同時に、他の人に役立つ存在でありたい」という欲求です。

ところが往々にして、その欲求が満たされないことが多いのが人生です。

けれども、ちょっとした心がけ一つで人生は変わります。自分の置かれた立場でできる、ちょっとしたことをやってみることです。それは、いつでも笑顔で接するとか、「おはよう」「ありがとう」と声をかけるなどといった、小さなことでもよいのです。

人間が幸せになるためには、「他者のために何かができる」という意識が大切です。「自分だけ」と言っているうちは、幸せにはなれません。

お互いに「おかげ様で」と伝え合いながら生きていくことで、人生を輝かせていきましょう。

おわりに

ハーバード大学が八十年以上をかけて行った研究[※]で、幸福はどういう人たちにもたらされるかがわかりました。研究によると、親しい人と信頼を結べた人こそ、最終的に幸せになれるのだそうです。お金や名誉、欲望を満たすことが幸せと思いがちですが、一時的な喜びにはなっても、いつかしぼんでしまいます。永続して幸せをもたらしてくれるものは、人とのつながりです。一人でもいい、誰かと本音で深い関係を築けている人ほど、年齢に関係なく死亡リスクが低いのだそうです。

人間の本能から消えずに残るのは「寂しさ」です。怒りや憎しみは消すことができても、寂しさは取り除けません。人はどんなに満たされていても、夕日を見て一抹の寂しさを感じることがあります。寂しさがあるからこそ、互いに求め合うことができます。それは「悪」ではなく、人間が生存し続ける原動力なのです。

家族や友人、知人と、語り合い、楽しい時間を持つこと。喧嘩をしたっていい。本音を伝え合い、受け容れ合うこと。年齢を重ねれば、なおさらです。晩年になってパートナーが先に逝ってしまっても、その「体験」がある人は幸福に生きることができます。私がずっと感じていたことに科学的な実証が得られて、うれしく思いました。

さあ、本書の「言葉」とともに、身近な誰かと語り合う一歩を踏み出しましょう。

※ロバート・ウォールディンガーらによる「ハーバード成人発達研究」

【参考文献、参考記事】

●『死にゆく者からの言葉』　鈴木秀子著（文藝春秋）
●『シスター鈴木秀子の愛と癒しの３６６日』　鈴木秀子著（海竜社）
●『いのちの贈り物』　鈴木秀子著（中央公論社）
●『夫・遠藤周作を語る』　遠藤順子著、聞き手・鈴木秀子（文藝春秋）
●『愛と癒しのコミュニオン』　鈴木秀子著（文藝春秋）
●『臨死体験　生命の響き』　鈴木秀子著（大和書房）
●『奇蹟は自分で起こす　幸せになる１ミリの法則』　鈴木秀子著（海竜社）
●「コロナで『学びの時間与えられた』」　江原啓之×鈴木秀子対談
「女性セブン」　２０２０年11月19日号
●「89歳シスターの教え『その苦しみは、成長の種です』」
「ＰＲＥＳＩＤＥＮＴ」　２０２１年10月29日号
●『グッド・ライフ　幸せになるのに、遅すぎることはない』
ロバート・ウォールディンガー、マーク・シュルツ著（辰巳出版）
●『楽天主義』　ヘレン・ケラー著（サクセス・マルチミディア・インク）

〈著者略歴〉

鈴木秀子（すずき・ひでこ）

聖心会シスター

1932年生まれ。東京大学大学院人文科学研究科博士課程修了。文学博士。ハワイ大学、スタンフォード大学で教鞭をとる。聖心女子大学教授（日本近代文学）を経て、国際コミュニオン学会名誉会長。日本にはじめてエニアグラムを紹介。全国および海外からの招聘、要望に応えて、「人生の意味」を考える講演会等、さまざまな指導に当たっている。主な著書に『死にゆく者からの言葉』（文藝春秋）、『9つの性格 エニアグラムで見つかる「本当の自分」と最良の人間関係』（PHP研究所）他多数。

●イラスト　宮下　和
●デザイン　本澤博子
●カバー写真　齊藤文護

92歳シスターが伝える励ましの言葉
幸せは、1ミリずつ花開く

2024年4月1日　第1版第1刷発行

著　者　鈴木秀子
発行者　岡　修平
発行所　株式会社ＰＨＰエディターズ・グループ
〒135-0061　江東区豊洲5-6-52
☎03-6204-2931
https://www.peg.co.jp/
発売元　株式会社ＰＨＰ研究所
東京本部　〒135-8137　江東区豊洲5-6-52
普及部　☎03-3520-9630
京都本部　〒601-8411　京都市南区西九条北ノ内町11
PHP INTERFACE　https://www.php.co.jp/
印刷所・製本所　図書印刷株式会社

ISBN978-4-569-85665-0